EMILIO CALATAYUD:
REFLEXIONES DE UN JUEZ DE MENORES

EMILIO CALATAYUD:

REFLEXIONES DE UN JUEZ DE MENORES

DAURO

«Alminares. Nº 1».
Colección dirigida por ENRIQUE MARTÍN PARDO.

Libros Dauro. Nº 96.

Ed. lit. y coord.: JOSÉ RIENDA.

Ilustraciones: ENRIQUE RUIZ JURISTO.
Transcripción desde las videograbaciones: ROCÍO PÉREZ CRUZ.
Texto: JOSÉ RIENDA.

Fotografía de cubierta: FERNANDO MARAÑÓN.

1ª edición, marzo 2007
1ª reimpresión, julio 2007
2ª reimpresión, noviembre 2007
3ª reimpresión, enero 2008

E-mail: edicionesdauro@edicionesdauro.com
Oficina y publicaciones:
C/ Poeta Zorrilla, 5.
18006. GRANADA.
Tel.: 670 03 28 30. Fax: 95 850 81 63.

Impresión:
Legraf, S.L.
Avda. Europa, s/n. Mondújar (Lecrín. GRANADA).

ISBN-10: 84-96677-09-5
ISBN-13: 978-84-96677-09-8
D.L.: GR. 706-2007

Printed in Spain

NOTA EDITORIAL

El presente libro recoge las reflexiones que el juez de menores de Granada, Emilio Calatayud, ha ido expresando a lo largo de estos últimos años en conferencias, entrevistas, ponencias, etc. Se ha tomado como punto de partida las videograbaciones de dichos actos y, a partir de los mismos, ofrecemos aquí sus opiniones con el convencimiento de que se trata de una valiosa mirada para entender mejor nuestra realidad social.

El contenido del libro ha sido revisado y rubricado por el propio Calatayud, por lo que de algún modo es tan padre del mismo como Cervantes y Cide Hamet de Benenguelí lo son del Quijote. La transcripción desde las videograbaciones fue realizada por Rocío Pérez Cruz. La corrección de estilo, organización y escritura del texto corrieron a cargo de José Rienda. Igualmente, realizaron tareas de corrección editorial Enrique Martín Pardo y Pedro Menchén Benítez.

Emilio Calatayud: reflexiones de un juez de menores, es una propuesta de Enrique Martín Pardo y Fernando Marañón Sánchez.

Prólogo

Ley, norma, decreto, derecho..., palabras que se atribuyen, se asocian a un juez. Admiración, respeto, ganas de saber, vitalidad, las buenas formas, el trabajo recompensado..., te lo enseña una familia. Familia por la cual Emilio Calatayud Pérez ha luchado y lucha junto a su mujer, Azucena Ortega Rodríguez, por fortalecer.

Con peculiar forma de tratar a sus "chorizos", "clientes", drogodependientes, o presentes en la sala, es un hombre que, interpretando las leyes, en su trabajo intenta plasmar el "buen hacer", la esencia de cada uno. Con aciertos y con errores, es una labor casi impensable de llevar a cabo en esta sociedad en la que vivimos, en la que se venden los duros a seis pesetas si es posible.

Pionero en su trabajo, inconformista con el gremio, con la norma y con la independencia que implica su puesto, busca encontrar con sus fallos una justicia útil, alcanzable y, por supuesto, didáctica para con los que la aplica, los menores, que son el futuro de lo nuestro, y a veces son demasiado vulnerables a tanta información y cambios que sufre nuestra sociedad.

Para conseguir esto, una persona no se puede basar en el código tal barra cual, si no que necesita utilizar su mirada, necesita implicarse con sus hechos y demostrar así lo que piensa, dar uso al silencio, a la alegría y a los buenos momentos que otorgan sentido a nuestra manera de movernos e invitan a seguir adelante, se trate tanto de gente normal como de “delincuentes” (categoría en la que podríamos estar cualquiera de nosotros).

Juez y conferenciante oficialmente, padre, marido y amigo de su gente que disfruta día a día de su trabajo y de su familia, Emilio Calatayud con su forma y con ayuda de los que le quieren, nos enseña dentro y fuera del juzgado una manera de ser que defiende a la familia, al respeto, a la paciencia, al amor.

Por eso, simplemente por eso, lo consideramos modelo y ejemplo, digno de admiración para padres, profesores y demás profesionales del sector. Siempre es oportuno que sea escuchado por hijos, niños, no tan niños y delincuentes.

Por estos y por otros motivos, invitamos a los lectores a que, siempre con espíritu crítico, se enriquezcan con este libro.

EMILIO Y ALBA CALATAYUD ORTEGA

EMILIO CALATUYUD:
REFLEXIONES DE UN JUEZ DE MENORES

Para que tú me entiendas

La terminología jurídica romana es la que sigue utilizándose en los tribunales. Ésta ha llegado a convertirse en una terminología al margen de la lengua cotidiana y requiere un conocimiento específico. Por ello, es necesario que las sentencias en los juzgados de menores se dicten en unos términos entendibles para los menores, no para el abogado, con los debidos respetos siempre a la abogacía.

Sin embargo, el problema de las sentencias a menores no está en el hecho de dictarlas, sino en su ejecución. En este sentido, no hay que olvidar nunca que la Ley tiene una naturaleza educativa, por lo que, junto al castigo, hay que crear los recursos necesarios para que la sentencia resolutoria sea mucho más productiva a todos los niveles.

La intervención desde un juzgado de menores ha de ser rápida, ya que la tardanza en ese sentido supone un alto porcentaje de fracaso en los objetivos establecidos. Hay que admitir que la Justicia, en general, si es lenta no es justa, por lo que se deben simplificar procedimientos, eliminar pasos burocráticos que lo único que hacen es ralentizar la intervención.

Abogados, procuradores, secretarios, oficiales de juzgado y muchos más forman parte de la administración de Justicia. De ellos también depende que las sentencias se ajusten a la realidad o que se aplique la Ley de forma equilibrada. Y es que la Justicia no está siempre en manos de los jueces: de hecho, ellos constituyen el último eslabón de la cadena.

Al juez, a veces, no se le facilitan todas las pruebas necesarias, precisamente por los intereses creados. También ocurre que, en frecuentes ocasiones, el juez está en manos de otros profesionales que actúan de informantes, incluida la responsabilidad de su propio personal.

La terminología jurídica romana es la que sigue utilizándose en los tribunales...

¿Es justa la Justicia?

Muchas veces aplicamos la Ley, pero no hacemos justicia. Igualmente, no todas las leyes son justas. El juez, en términos generales, es un aplicador de la Ley, pero no es un impartidor de justicia. Pienso que hay que intentar que la Ley y su aplicación estén dentro de un contexto, de una sociedad, y así se logre precisamente la impartición de la justicia. En este sentido, observo lo positivas que son esas sentencias que obligan a los menores delincuentes a aprender a leer y escribir antes que acabar en un centro de internamiento. Y aseguro que dan resultado, porque, desde luego, se abrieron para ellos perspectivas que no tenían (como por ejemplo el ingreso en una escuela de albañilería con el consiguiente aprendizaje del oficio). Luego dependerá del individuo en cuestión el que aproveche o no la oportunidad que se le brinda. En cualquier caso, siempre es más rentable para él y para la sociedad que aprenda a leer y a escribir antes que estar privado de libertad durante uno o seis meses. De todas maneras, he de decir que no creo que ésta sólo sea una sentencia progresista, sino además justa y de sentido común.

¿Es justa la Justicia?

Lo que yo te debo y lo que tú me debes

Debemos reconocer que se ha olvidado en demasía el tema de las obligaciones del menor, aunque también, en menor grado, las obligaciones con el menor. Hay instrumentos legales que garantizan los derechos y al mismo tiempo obligan a los adultos y a las instituciones a respetarlos; trasladar esos derechos del niño a obligaciones de las autoridades para velar por el cumplimiento de tales derechos es pieza clave en nuestro entramado social.

La Ley de menores permite imponer medidas "de medio abierto", es decir, apostar por la no privación de libertad y trabajar con el menor dentro del mismo entorno en el que ha cometido el delito. Por esto se hace imprescindible concienciar a la sociedad para que allane el camino en lo posible y ayude al menor a escapar de la delincuencia, sabiendo sobre todo que el fracaso en el sistema penitenciario de adultos es patente y esta Ley ofrece la oportunidad de trabajar en otro sentido.

Los centros de internamiento, como manera de reconducir la conducta de los menores, siempre van a existir porque hay delitos que son graves y que producen mucha alarma social. Sin embargo, aunque al menor se le prive de libertad, lo que interesa es que éste reciba un tratamiento educativo dentro del centro. E insisto: la privación de libertad ha de durar el menor tiempo posible o necesario. La norma general tiene que ser el "medio abierto" y lo excepcional la privación de libertad. Ese es el espíritu de la Ley. Otra cuestión, no menos importante, es saber si la sociedad está en consonancia con esa teoría de la Ley, porque a lo mejor ocurre que la sociedad es, en esencia, más vengativa que la Ley misma.

Menores y menores

Cuando en España hablamos de "menores" nos referimos a toda persona menor de dieciocho años. Ya ha desaparecido (desde el 13 de enero del 2001 en concreto) la distinción entre "mayor de edad penal" y "mayor de edad civil", en la que se consideraba la minoría de edad hasta los dieciocho años, pero con la posibilidad de ir a prisión a partir de los dieciséis.

Nosotros no distinguimos dos tipos de menores y para ello contamos con leyes fundamentales que tratan sobre el menor, como la avanzada la Ley de Protección del menor, de 1996. En Andalucía, por ejemplo, se cuenta incluso con otra Ley de 1998 que va en los mismos términos prácticamente. En general, es una Ley que se olvida y que sin embargo debiera obligarnos a todos los estamentos.

Como es obvio, esta ley se debe aplicar a todos los menores de dieciocho años, con todo lo que conlleva respecto a derechos y, especialmente, deberes. En este país hemos pasado de un estado dictatorial a un estado democrático y de derecho, y, como suele ocurrir en nuestra historia (y es una opinión personal y por lo tanto discutible en todo momento), hemos saltado de un extremo a otro. Es decir, si en el régimen dictatorial no teníamos derechos (al menos los del estado de derecho, como es lógico), ahora parece que lo que no tenemos son obligaciones. Y esto se acentúa aún más cuando hablamos de menores, como si las leyes se redactaran para otorgarles a ellos todos los derechos y despojarlos de obligaciones.

¿Cumplimos la Ley?

Voy a señalar algunos derechos que contempla la Ley de protección de menores, los cuales, a mi modo de ver, plantean una serie de problemas en la convivencia diaria de los padres con los hijos, de los padres con los profesores y, por añadidura, con todas las instituciones, debido tal vez a que, a lo mejor (y es también una opinión personal) nos hemos excedido en la concesión de los derechos. Recuerdo, nuevamente, que la Ley no distingue bandas de edad, sino que mete en el mismo saco a menores de 0 a 18 años, apuntando de entrada que los menores son iguales que los mayores en el sentido de que no habrá discriminación por razón de sexo, raza, etc. Dice la Ley desde el artículo 3:

"Los menores tienen los siguientes derechos, entre otros; derecho al honor, derecho a la intimidad personal, derecho a la intimidad familiar, derecho a la propia imagen (incluyendo esto la inviolabilidad del domicilio familiar), derecho a la inviolabilidad de la correspondencia, derecho al secreto de sus comunicaciones, derecho a buscar, recibir y utilizar la información adecuada a su desarrollo, derecho a la libertad de ideología, conciencia y religión, derecho a participar plenamente en la vida social, cultural, artística y recreativa de su entorno así como a una incorporación progresiva a la ciudadanía activa, derecho de asociación, derecho a participar en reuniones públicas y manifestaciones pacíficas, derecho a la libertad de expresión, derecho a ser oído tanto en el ámbito familiar como en cualquier procedimiento administrativo o judicial en que esté directamente implicado y que conduzca a una decisión que afecte a su esfera personal, familiar o social." Y sigue diciendo esta Ley: "Para la garantía y defensa de sus derechos el menor puede solicitar la protección de la entidad pública de la Comunidad Autónoma, poner en conocimiento del Ministerio Fiscal las situaciones que considere que atentan contra sus derechos y plantear sus quejas ante el Defensor del Pueblo. A tal fin, uno de los adjuntos de dicha institución llevará exclusivamente los temas de menores." Ello, a mi modo de ver, junto con la importancia de los medios de comunicación y precisamente por la evolución que hemos sufrido socialmente, ha contribuido a dar la imagen errónea de que solamente existen derechos para los niños. Es probable que nos hayamos olvidado de buscar el equilibrio que supone el conocer que todo derecho lleva consigo una obligación.

Es así: todos esos derechos llevan consigo obligaciones por parte de los mayores para garantizar tales derechos.

Esta Ley de Protección del menor contempla dos artículos, a mi modo de ver, fundamentales para nosotros: los ciudadanos, los padres, los educadores, los médicos, la policía, los jueces, los fiscales, los abogados... Dice el artículo 13:

"Toda persona o autoridad, y especialmente aquellos que por su profesión o función detecten una situación de riesgo o posible desamparo de un menor lo comunicará a la autoridad o a sus agentes más próximos sin perjuicio de mostrarle el auxilio inmediato que necesite. Cualquier persona o autoridad que tenga conocimiento de que un menor no está escolarizado o no asiste al centro escolar de forma habitual y sin justificación durante el periodo obligatorio, deberá ponerlo en conocimiento de las autoridades públicas competentes, que adoptarán las medidas necesarias para su escolarización. Las autoridades y personas que por su profesión conozcan el caso actuarán con la debida reserva. En las actuaciones se evitará toda interferencia innecesaria en la vida del menor".

El artículo 14 de esta Ley dice: "Las autoridades y servicios públicos tienen obligación de prestar la atención inmediata que precise cualquier menor, de actuar si corresponde a su ámbito de competencia, o de dar traslado en otro caso al órgano competente, y de poner los hechos en conocimiento de los representantes legales o, cuando sea necesario, del Ministerio Fiscal".

Estos artículos 13 y 14 nos obligan a todos a que actuemos en el mismo instante en que detectemos una situación de riesgo de un menor. Visto esto, lo que de inmediato debemos plantearnos es una llamada de atención y un examen de conciencia. ¿Realmente, todos, en nuestro ámbito, estamos cumpliendo con esta obligación que establece la Ley de Protección del Menor?

...derecho a participar en reuniones públicas y manifestaciones pacíficas, derecho a la libertad de expresión, derecho a ser oído...

Familia y Ley de Protección del Menor

El primer elemento fundamental es la familia. ¿Realmente, los padres estamos preparados para ser padres?

En efecto, a ningún padre se le entrena específicamente para serlo, pues la educación en el ámbito familiar depende de múltples factores difíciles de controlar. Sin embargo, no podemos olvidar que, como padres, existen unas obligaciones y unos derechos establecidos en Ley que debiéramos conocer. ¿Tenemos todos los padres claro cuáles son las obligaciones y derechos que como padres nos competen? Piensen en lo siguiente: si las personas que tienen cierta formación cultural y una posición económica acomodada pasan inevitablemente por algunos problemas en su seno familiar con los hijos, ¿qué ocurrirá con la gente que vive las dificultades del paro, los desarraigos de las separaciones, el infierno del alcohol...? Lógicamente, todo esto repercutirá en los niños. Hasta hace un tiempo se decía que lo que pasaba en una familia "de puertas adentro" era cuestión de ellos; pero en el justo momento en el que haya niños de por medio ya no es cuestión de la familia en exclusiva, porque el niño, como hemos visto, merece (y obliga) la protección de todos.

Es ilustrativo el hecho de que los padres que reciben la noticia de que su hijo ha sido detenido por algún motivo, y no sospechaban para nada la posibilidad de esa conducta en él, primero se sorprenden muchísimo, aunque posteriormente suelen esforzarse para averiguar por qué su hijo ha acabado delinquiendo. Lo que me parece más importante es que los padres nunca deben tapar lo que hacen sus hijos, porque tienen que educar desde la responsabilidad y eso se logra exigiéndoles respuestas por lo que han hecho, aunque sea en una pequeña parte. Siempre ponemos el ejemplo del menor que roba un CD de una tienda y el padre lo resuelve pagando su importe; creo que lo correcto sería que se denunciara al chaval y que él fuera el que respondiera por ese hecho cometido. De ahí vienen muchos de los problemas de delincuencia de la clase media, porque los padres van "tapando" una y otra vez a sus hijos y, tarde o temprano, eso se vuelve en su contra.

Escuela y Ley de Protección del Menor

El segundo escalón es el de la escuela. Yo creo que la enseñanza obligatoria de 0 a 16 años no puede considerarse un éxito precisamente, no sé si por culpa de la Ley o de los que la aplican. Sinceramente, pienso que ha sido fallo de todos; no ha funcionado el sistema y (por lo menos en la banda de los 14 a 16 años, dentro del perfil del menor que de alguna manera acaba en los juzgados) encontramos chavales que no van al colegio, aunque tienen obligación. A éstos no les interesan en absoluto los objetivos académicos diseñados para ellos; es más, no les interesa la escuela en ninguno de los sentidos, por lo que hay que buscar alternativas para que, aunque tengan la misma titulación académica, se les imparta otro tipo de formación distinta a la típica de los libros. En este sentido, habrá que cuestionarse ahora, con la Ley de Calidad de la Enseñanza, si la enseñanza obligatoria debe responder a los mismos esquemas una vez que los alumnos han cumplido los 14 años o si merece la pena intentar abrir nuevas posibilidades en su oferta educativa.

Da la sensación de que el profesor ha dejado de ser maestro y se ha convertido en profesor de conocimiento del medio, de matemáticas, etc., pero ya no puede o no le interesa (y posiblemente con razón) inculcar una serie de valores como el respeto o la tolerancia.

O sea, que si por un lado la familia falla, y por otro el maestro ha dejado de ser maestro y se ha convertido en profesor (muchas veces las deficiencias educativas de la familia pueden ser reconducidas precisamente por el maestro) evitando actuar en el plano de los valores, nos encontramos sin más remedio con una situación difícil para los chavales de catorce, quince, dieciséis años en la que son carne de cañón, en sentido figurado obviamente, más no exagerado. Si a todo esto le añadimos además que no tienen una preparación ni una titulación mínima para la incorporación al mundo del trabajo, las posibilidades de fracaso son muy elevadas.

Ante esto, no nos queda más remedio que adquirir conciencia de nuestras obligaciones de

Da la sensación de que el profesor ha dejado de ser maestro...

padres, de profesores, de vecinos y, junto a ello, conquistar nuevas posibilidades de integración.

Yo creo que el problema del absentismo escolar entre menores se debe a una falta de coordinación entre las distintas instituciones, además de la falta de compromiso social y personal.

No es de mi competencia el problema del absentismo, como tampoco lo es la situación entre profesor y alumno; yo sería competente para los problemas que pueda tener el alumno con el profesor.

Personalmente creo que se debería incluir en el Código Penal la falta de fomentar o permitir que los hijos no vayan al colegio. Hay un delito que es el del incumplimiento de los deberes inherentes a la patria potestad, pero es muy ambiguo.

En 1995, en Granada, hicimos una especie de seguimiento y yo dispuse el encarcelamiento de diez padres por fomentar la ausencia de los hijos del centro escolar, ya que tenemos una enseñanza obligatoria al menos hasta los 16 años.

En el problema de la violencia escolar entran muchas cuestiones. Por ejemplo, padres e hijos no reciben información a la hora de hacer la matrícula de los derechos y deberes que tienen los alumnos. Además, el centro escolar está imponiendo sanciones por hechos que no son de su competencia, y tendría que denominarse lo que es denunciable y lo que no. Los derechos del alumnado son los que proporcionen la formación integral, igualdad de oportunidades, derecho a recibir ayudas, derecho al estudio, derecho a la orientación escolar y profesional...

Respecto a las correcciones dice la Ley: "las correcciones que se hayan de aplicar por el incumplimiento de las normas de convivencia tendrán un carácter educativo y recuperador, deberán garantizar el respeto de los derechos de nuestro alumnado y procurar la mejor de las educaciones de todos los medios de la comunidad educativa". El carácter educativo y recuperador que están aplicando los centros es la expulsión.

Se consideran conductas contrarias a las normas cualquier acto que perturbe la paz, las faltas no justificadas... Conductas gravemente perjudiciales se consideran la agresión física (tipificada como falta o delito en el Código Penal), las injurias u ofensas contra cualquier miembro de la comunidad (también en lo penal), las actuaciones perjudiciales para la salud y la integridad personal de los miembros de la comunidad o la incitación a las mismas (como los malos tratos, el tráfico de drogas...), las amenazas o coacciones (delitos también ya existentes), la suplantación de la personalidad, el deterioro grave de las instalaciones existentes (hay un delito de daños)...

Estamos hablando de conductas penales que no son competencia de Educación, luego habrá que distinguir lo que es una pelea con lesión de una falta de lesión y para eso es fundamental la coordinación entre Educación, Fiscalía y Asuntos Sociales. Cuando un chaval amenaza cada día a otro para que le dé el dinero del bocadillo, podemos considerarlo una cuestión de centro o un delito de coacciones y será responsabilidad del centro darle la trascendencia que tiene o no si el chaval se está excediendo, pero lo que no puede hacer el centro es ignorarlo. Si un centro escolar está viendo que un menor "trapichea" con drogas no puede tardar en informar sobre eso, porque estaría ocultando un delito; no puede sancionar porque no es asunto de su competencia.

Habrá que distinguir qué se puede corregir administrativamente y qué se debe denunciar penalmente. Muchas veces los centros escolares tapan los problemas que se dan en ellos por miedo a que se conozcan en la opinión pública.

Por ejemplo: en el recreo de un centro escolar se pelean dos menores con el resultado de lesiones, y uno de ellos es expulsado de clase por cinco días, transcurridos los cuales vuelve al centro. Pero al tiempo llega al juzgado el parte de lesiones del servicio hospitalario porque se le ha acusado de una falta de lesiones o de malos tratos. El abogado de ese menor acusado puede alegar que ya cumplió condena mediante la expulsión y que, por tanto, no se le puede condenar dos veces por el mismo hecho. En ese caso, el niño ha de ser absuelto.

Es totalmente necesario que nos conozcamos físicamente y que nos pongamos de acuerdo para ver de quién es la competencia para tratar un problema. Eso se hace, por ejemplo, en el momento en que el centro tenga que tomar una decisión sobre cómo actuar ante los actos de un menor, mediante la llamada y consulta al Fiscal de Menores.

Uno de los primeros casos que tuve, siendo juez en Canarias (año 1981) fue el de un joven que se acababa de sacar la plaza de profesor y trabajaba en un colegio de niñas; se le ocurrió llevarlas de excursión a Madrid, él sólo, e inmediatamente se le tildó de violador. Primer consejo: sacar un buen seguro personal de responsabilidad civil, a parte del de la Delegación de Educación. Segundo consejo: de sentido común, nunca cierres una puerta cuando trates con una chica, que siempre vean lo que haces con ella.

Si un menor se escapa de un centro de internamiento, se podrá culpar al mismo por no haberlo vigilado correctamente. Además, se deberá avisar inmediata y debidamente a los padres.

En cuanto al problema de que los alumnos salen del centro durante el tiempo del recreo sin estar esto permitido, personalmente creo que una solución podría ser que en el sobre de matrícula del año escolar el padre firmara que si eso se produce será su responsabilidad. En caso contrario, cualquier problema que le suceda al menor en ese periodo temporal será "culpa" del centro, salvo que acredite haber sido dotado de los mecanismos necesarios para evitar tales salidas.

Para abrir un expediente de expulsión hay que seguir el procedimiento que establece la Ley, pero sobre todo hay que escuchar al estudiante, darle escrito de acusación así como propuesta de defensa (que pueda proponer pruebas) y luego tomar una decisión.

Si un profesor insulta a un alumno individualmente éste lo puede denunciar por vejación y ese caso lo llevará el juez de guardia (no el de menores). Y eso está llegando a las familias; algunos padres no saben qué hacer con sus hijos de ocho años porque estos les amenazan con que si le hacen algo "les denuncian", y se están confundiendo los malos tratos con el corregir moderadamente. Hace unos años, un padre estuvo tres meses en prisión, en Sevilla, por abusos sexuales a su hija, y luego se vio que la única causa real que la llevó a denunciarlo era que éste decía que ella debía estar a las diez de la noche en casa.

Si en un aula hay un alumno esquizofrénico habrá que advertir por escrito y de forma debida a la Delegación, ya que se trata de una situación de riesgo y por tanto tendrán que facilitar una serie de medidas a adoptar. Pero ha de ser por escrito, porque lo que no está en los autos no está en ningún lado, y en el caso de que ocurra algo ese escrito servirá de prueba de que se intentó eliminar los riesgos; ya no sería responsabilidad del centro o docente.

Al chaval que esté cometiendo acto delictivo en el centro hay que denunciarlo ante la Fiscalía de Menores, pero con testigos y pruebas. Los mismos alumnos pueden ser esos testigos, pero hay que partir de la información correcta al profesorado, quienes en la mayoría de los casos desconocen sus posibilidades de actuación. El abogado de la Delegación de Justicia debería asesorar a este colectivo para que tuviera un conocimiento general sobre qué hacer en estos casos.

En materia de abusos sexuales entre menores a veces es conveniente anticiparse y denunciar el caso a los trabajadores sociales, aunque sólo se tengan sospechas de que algo así se está produciendo en el centro. Luego, investigará la Fiscalía antes de dictar sentencia.

Ser profesor es estar incluido en una profesión de riesgo y, por tanto, es muy fácil ser denunciado, pero, hoy por hoy, es muy difícil que se dicte una sentencia condenatoria contra uno de ellos en un caso "normal".

Sería bueno, para la realización de las actividades extraescolares de los alumnos que, en la misma solicitud que estos presentan para participar en ellas, los padres firmaran dando su autorización para ello. Es otra medida para cubrir responsabilidades.

Los acuerdos verbales entre profesores y padres no sirven para nada a la hora de que aquellos se defiendan de alguna acusación de falta a su responsabilidad. El docente se tiene que cubrir frente a los padres y el Ministerio o Consejería de Educación, y si se hace una actividad fuera del centro y dos alumnos no van y se quedan en casa con sus padres, que eso quede por escrito, porque es la única forma en que eso va a valer legalmente.

El miedo a la imposición

Como ya he referido, muchos de los nuevos problemas que afectan a los menores ante la Ley se deben a la lógica de la evolución histórica. Antes, en la familia era normal el autoritarismo paterno. Después, tras la transición política hacia la democracia, se impone el modelo del padre dialogante y amigo de sus hijos al que, incluso, le aterroriza la idea de imponer ciertos límites. Esa misma transición la ha vivido la escuela y también el profesor (al que ya no se llama "de usted"), derivando este último en una especie de colega del alumno.

Transcurrido el tiempo, los menores nos han comido el terreno tanto a profesores como a padres. Y ocurre además que tal cambio vence los límites de la familia y la escuela y vemos que la problemática se prolonga incluso en el vecindario y en la sociedad en general. Por ello, pienso que es el momento de reflexionar sobre la situación actual e intentar conseguir el equilibrio de autoridad justo y necesario para imponer a nuestros menores los valores mínimos exigibles para la convivencia, sin tener miedo a que, por ello, nos acusen de autoritarios o dictadores.

El miedo a la imposición.

Botellón, desembotellónate.

Uno de los problemas de salud pública y de orden público también que, de algún modo, permanece incólume en la carpeta de tareas pendientes de las administraciones es el "botellón". De entrada, podríamos decir que esta forma de ocio atrae tanto a la juventud porque es una "moda". Sin embargo hay algo más, pues detrás de ella se evidencian un relajamiento en la responsabilidad educacional de los padres por un lado y, por otro, cierta hipocresía social en todos los estamentos, dado el volumen importante de dinero que se mueve en torno a tal forma de divertimiento.

En Granada, por ejemplo, el botellón es un problema que ya roza el límite de lo intolerable, precisamente porque es una ciudad relativamente pequeña, de gran vida estudiantil y universitaria.

Botellón, desembotellónate.

De «chuches» y responsabilidades

En el caso de los menores en concreto, los primeros responsables de la ilegalidad que supone el botellón son sus padres; después lo son también las instituciones y autoridades, de acuerdo siempre con la Ley de Protección de menores, que, en España –y no es gratuito el recordarlo–, afecta a todos los menores de dieciocho años. En esencia, esta Ley recoge que cualquier persona o autoridad que detecte una situación de riesgo para un menor, como es la del consumo de alcohol, tiene la obligación de ponerlo en conocimiento de la autoridad competente. O sea, que autoridades, personas, instituciones, profesionales, etc., estamos obligados a proteger al menor. Pero, insisto, nos encontramos aquí ante un tema de hipocresía social; es hipócrita el Estado, que ingresa en sus arcas muchos millones a costa del alcohol, hipócritas las autoridades que deben velar por la Ley de Protección del menor en interés del menor, hipócritas los comerciantes del alcohol, hipócritas los políticos que dan las licencias de apertura a supuestas tiendas de las llamadas "chuches" cuando es alcohol lo que venden... En definitiva, se trata de un negocio muy bien montado y muy beneficioso económicamente para el país, algo que, desgraciadamente, supone un escollo casi insalvable para cualquier ley que se haga al respecto.

Como vengo señalando, el alcohol, en efecto, es una droga, pero es que el problema surge porque España es el tercer productor. Hasta algún presidente de alguna Comunidad Autónoma se ha permitido el derecho de decir que el alcohol en general está mal, menos el vino que es un alimento. Así, cuando a uno le pare la Guardia Civil, lo único que tiene que decir es que se ha hartado de comer vino... ¿Hasta dónde llega la hipocresía? Si no se llegase al acuerdo de que el alcohol es una droga, por lo menos sí sería fácil decir que es una sustancia peligrosa para un menor. Ya lo decía Platón: "Sería necesario que se publicara una Ley que prohibiera beber vino a los menores de dieciocho años y se recomendara beberlo con mesura a los menores de treinta", luego llevamos muchos años hablando de lo mismo.

Además del problema del alcohol, está el del juego. Para hacerse una idea, en Granada, ahora mismo, el 4% de chavales menores de 18 años están declarados ludópatas. Hace veinte días se publicó el plan de estadísticas de droga en el que ya se recoge el juego como tal. Eso significa que esos menores son considerados drogadictos como consecuencia del juego. Por ejemplo, yo tengo un menor internado por quince atracos que tiene el problema fundamental de la ludopatía. Este menor tenía debilidad por los repartidores de pizza, aunque de ellos fuera a obtener poco, pero les atracaba porque así tenía monedas para jugar a las máquinas tragaperras.

Tenemos una Ley del juego que divide las máquinas en tres tipos; A, B y C. La A no te da premio sino partida gratis. La B se subdivide en B1 (te puede dar hasta 20 veces la partida) y B2 (te da otras tantas) y la C ya es de casino. La C y la B2 pueden estar sólo en casinos o salones donde se prohiba la entrada a menores de 18 años, pero la B1 puede estar en un bar siempre y cuando esté acompañada de una A y claro, en el bar entra todo el que quiera y el dueño que debería controlar quien juega no lo hace porque se beneficia de ello. Además, la máquina te da veinte veces lo jugado, lo que resulta atractivo.

Basta con poner la televisión: la primitiva, la bonoloto, el cuponazo, los sorteos de los productos que se compran... Todo eso va rodeando al menor de la idea del juego.

A estos chavales que cometen hechos delictivos graves hay que privarles de libertad para solucionarles el problema que tienen.

Aquí la Ley no es clara, porque dice que el menor tiene que dar su consentimiento, y un menor con un problema de este tipo no está en condiciones para ello. Según la Ley, si el menor no da su consentimiento el juez tendrá que buscar una medida más adecuada para él y eso pasa por, junto a la ayuda del fiscal, condenarlo a que mientras sea menor de edad se "cure" obligatoriamente. Para ello se le priva de libertad, aunque los psicólogos no creen que eso dé resultados porque sin voluntariedad no se cura la drogadicción; pero la voluntariedad en esté caso está viciada. Habrá que privarle de libertad y obtener poco a poco la voluntariedad mediante un chantaje judicial o, como dicen los compañeros, "reforzamiento coercitivo".

Hay que tener siempre en cuenta que la medida privativa de libertad no es el fin sino el principio, porque se le interna con la finalidad de devolverlo a la sociedad cuanto antes y de ahí que la posibilidad que contempla la Ley es la de modificación de medida. El interés del menor privado de libertad es resolver el problema que tenga, y una vez curado eso hay que dejarlo actuar en sociedad para comprobar que no la altere. Por eso, la Ley contempla siempre un posterior periodo de libertad vigilada.

De «chuches» y responsabilidades

Alcohol frente a diversión

Los integrantes de la sociedad no queremos entender que el alcohol es una sustancia peligrosísima. No obstante, no podemos olvidar que ligados al alcohol se genera un determinado ambiente de distensión que puede convertirse no sólo en excesiva, sino también en situación de riesgo si se une a otra serie de actividades y de sustancias... Y esto sin olvidar que, moralidades aparte, condiciona a la juventud hasta el extremo de que ésta acaba viviendo sólo de noche. Es más, yo creo que, precisamente gracias a la evolución histórica que hemos tenido en materia de Ley del menor, ha llegado el momento de decidir si el alcohol es una droga. Admitiendo que los técnicos opinan que no lo es, no habrá, por el contrario, ningún problema en que todos digamos que si no es una droga sí por lo menos es una sustancia peligrosa para el menor. Por tanto, si tenemos una Ley que nos obliga a todos a evitar situaciones de riesgo para los menores, si no compartimos la hipocresía antes mencionada, si llegamos al compromiso de reflexionar sobre el hecho de que estamos en uno de los primeros países productores de bebidas alcohólicas, para cambiar la cultura del alcohol tenemos la obligación moral y legal de prohibir a los menores su consumo en la vía pública. Si un menor quiere beber alcohol que vaya con una persona adulta responsable de él.

Es cierto que se reclama la elaboración de algún tipo de ordenanza contra el botellón por causa de sus efectos en la comunidad, pero tampoco podemos olvidar que ya existe una Ley que protege al menor y que las instituciones y autoridades no debemos permitir que los menores "jueguen" con sustancias peligrosas. En principio, ya hablamos de proteger, no de prohibir, sobre todo, admitiendo que estamos ante un problema de mala educación y que estamos recogiendo lo que nosotros mismos hemos sembrado: una infancia y una juventud excelentes, pero en convivencia directa con un alto riesgo en tanto que hemos fomentado el alcoholismo en ellos. Insisto, se hace imprescindible reconducir esta juventud realizando, de entrada, ofertas alternativas de ocio.

Por ejemplo, una buena iniciativa son las llamadas discotecas "light "de usted", es decir, aquellas que abren tres o cuatro horas por la tarde sólo para los menores y donde no se vende alcohol. Con ello se lanza un primer mensaje importante: el alcohol no debe ser un elemento asociado siempre a la diversión, sobre todo si se tiene una edad en la que aún se está en formación en todos los aspectos del desarrollo personal.

Alcohol contra diversión

La ley de la botella, el que la tire...

Como se deduce de todo lo expuesto, yo no estoy de acuerdo con la forma de ocio que supone el botellón. Además, no puedo sustraerme al hecho de que se trata de un serio problema de orden público y de sanidad. Por eso, en lo que a mí respecta, en el momento en que he tenido la cobertura legal suficiente, el menor que ha cometido un hecho delictivo relacionado con ese tema ha sido castigado con la obligación de limpiar y recoger la basura desmesurada que genera. Para este menor la sentencia es clara: él ha producido un daño en la sociedad y ha de ser consciente de ello percibiéndolo con los cinco sentidos. Considero que eso es mucho más productivo para la sociedad y para el propio menor.

En cuanto al derecho penal, hoy por hoy existe un vacío legal en lo que respecta a este tema. Se podrían imponer infracciones administrativas, es decir, multar por delinquir en el entorno generado por el botellón, pero también hoy por hoy en determinadas circunstancias es muy difícil buscar el encaje administrativo preceptivo. Del mismo modo se podría actuar contra los centros que, faltando a la Ley, venden alcohol a los menores de dieciocho años, lo que igualmente se traduciría, desde el punto de vista administrativo, en una multa; sin embargo, la realidad nos demuestra que los sancionados prefieren pagar la multa y seguir comercializando el alcohol, pues sus beneficios cubren con creces cualquier sanción administrativa.

Una balanza delicada

Los jueces de menores, con la Ley de Responsablidad Penal del Menor que el día 13 de enero de 2001 entró en vigor, contamos con dos tipos de medidas aplicables: medidas privativas de libertad y las que nosotros llamamos "de medio abierto".

Las medidas privativas de libertad son: un internamiento en centro cerrado, internamiento en centro semiabierto, internamiento en centro abierto e internamiento terapéutico.

El internamiento cerrado se lleva a cabo en un centro que cuenta con todas las medidas precisas de seguridad (cámaras de vigilancia, etc.). El chaval realiza en su interior todas las actividades y no puede salir salvo de forma esporádica y siempre con autorización judicial. En mi distrito disponemos de varios centros con cabida para unos quince o veinte menores, lo que requiere entre cuarenta y cincuenta empleados. Como dato orientativo, una plaza de internado viene a costar alrededor de 240 euros diarios.

El centro semiabierto es un poco más "blando" que el cerrado, pero en esencia responde a las mismas condiciones; aquí el chaval sí puede salir de vez en cuando del centro, aunque siempre con autorización judicial. El coste viene a ser prácticamente igual.

El centro abierto puede entenderse como un internado "clásico"; el chaval duerme en el centro, pero realiza fuera de él todas las actividades de su día a día.

En lo que respecta al internamiento terapéutico, diremos de entrada que se diferencia bastante de los anteriores. Hoy día se detectan serios problemas de alcohol y drogas en chavales que rondan los catorce años, con el consiguiente conflicto psíquico que siempre acompaña (y generalmente precede) a este comportamiento. Es decir, que cuando nosotros intervenimos es porque ya se ha producido el delito. Por eso, el conocimiento del entorno conflictivo en el que se desarrolla el chaval (familias desarraigadas, alcoholismo en los padres, etc.) hubiera sido crucial para intentar eludir el momento inicial en el que el menor delinque. La cuestión es que todavía no tenemos debidamente creados y regulados esos centros de internamiento terapéutico en los que se daría acogida a este tipo de menores. Son necesarios muchos profesionales, no solamente educadores o asistentes sino psiquiatras, psicólogos, etc., para ofrecer el tratamiento adecuado a esos chavales. Porque, con seguridad, en muchos casos el problema no es el delito, sino el trastorno (social o psíquico) que lo genera y es precisamente por ahí por donde el centro terapéutico tendría que cumplir sus funciones. Un ejemplo ilustrativo de lo que quiero decir es el caso de un menor que mantuve internado en un centro no terapéutico, condenado por quince atracos; pues bien, la causa de esta conducta es un problema agudo de ludopatía, por lo que a lo mejor el destino más propicio para él hubiera sido el internamiento terapéutico.

Esas son las cuatro medidas privativas de libertad con las que contamos. Sin duda alguna, la opción específica de cada una de ellas supone una balanza muy delicada. Si nos situamos en la banda de catorce a dieciséis años (en el momento en que se comete el delito), la duración máxima de la medida puede ser de dos años de internamiento; si en cambio el delito se comete entre los dieciséis y los dieciocho años, podrían considerarse cinco años máximo de internamiento, aunque, en casos extremadamente graves, se podría llegar hasta los ocho años de internamiento más cinco años de libertad vigilada. Con esto quiero demostrar que, sin perder nunca de vista esa delicada balanza a la que hemos hecho referencia anteriormente, no es verdad que en la Ley de Menores se haga referencia a todos los aspectos menos al del castigo. Así, hemos visto cómo en el famoso caso de las niñas de San Fernando se ha condenado a los culpables cuando contaban con diecinueve años, mientras que el delito lo cometieron con diecisiete. La sentencia ha sido ocho años de internamiento más cinco años de libertad vigilada. Esas niñas, según la Ley, van a permanecer internadas hasta que cumplan veintitrés años en un centro de internamiento de menores, momento en el que el juez de menores procederá a estudiar si la evolución de las chicas ha sido satisfactoria o no. Si se diese este último caso, es decir, el de la no satisfacción en su evolución, el tiempo que les quede por cumplir de esos ocho años lo pasarán no ya en centro de internamiento de menores, sino en prisión. Después, una vez cumplidos la totalidad de los ocho años (momento en el que las niñas ya contarán con veinticuatro, veinticinco o veintiséis años), aún quedarán pendientes otros cinco años más de libertad vigilada. Luego, si sumanos, obtendremos trece años de control de los que ocho son con privación de libertad, entre los que se cuentan algunos en prisión propiamente dicha. En defintiva, esta Ley no es tan «blanda» como se ha querido presentar por los medios de comunicación a la opinión pública, sobre todo si lo comparamos con el tipo y gravedad de delito que tiene que cometer un adulto para que se le condene a ocho años de prisión.

Cuando se detiene a un menor éste tiene los mismos derechos que un adulto: a un abogado, a no declarar, a la presunción de inocencia, a que se intervenga rápidamente sobre él... Lo primero que hará la policía es averiguar quién es ese menor, ver si tiene 14 años y localizar a sus padres en caso contrario. Si tiene esa edad o más llamará a sus padres y también al Ministerio Fiscal, donde se investigará al detenido y las pruebas que haya. La policía puede tener detenido al menor durante 24 horas (si tiene entre 14 y 18 años) en dependencias adecuadas a su condición de menor. En ese tiempo la policía decidirá si lo pone en libertad o si lo pasa al fiscal de menores, en cuyo caso durante otras 24 horas el menor podrá estar asistido por su abogado y por sus padres, prestará declaración y comenzará a ser reconocido por el equipo técnico de apoyo que estudiará sus circunstancias personales. Ya son 48 horas que el menor puede estar en dependencias policiales. Pasado ese plazo, el Fiscal tiene la posibilidad de dejarlo en libertad (igual que ocurre en adultos) o puede considerar que el delito es muy grave, o que el menor se puede escapar de la acción de la justicia, o puede alterar las pruebas, etc. y entonces puede solicitar del juez una medida cautelar para tener controlado al menor mientras continúa la investigación. El juez celebraría en ese caso una especie de antejuicio en el que se va a ver los indicios del delito que ha cometido, las pruebas que hay, las circunstancias... y para eso tiene un plazo de otras 72 horas más, tiempo en el que el menor también estaría en dependencias policiales pudiendo sumar un total de hasta cinco días en ellas.

Si el delito lo comete un chaval comprendido en la edad de 14 a 16 años, la medida de internamiento puede durar hasta dos años, en delitos graves hasta cuatro y en delitos extremadamente graves hasta cinco años. Si el delito se cometió entre los 16 y los 18 (antes de cumplirlos) la medida puede durar hasta cinco años, ocho en casos graves y diez de internamiento más cinco de libertad vigilada en los extremadamente graves.

El último caso de homicidio entre menores que he juzgado ha sido el que se produjo este verano en Torrenueva a la salida de una discoteca. Al menor que lo cometió se le ha condenado a diez años de internamiento más cinco de libertad vigilada tras juzgarlo por un delito de asesinato, por un delito de homicidio en grado de tentativa y por un delito de tenencia ilícita de armas. El chaval ha estado ingresado cautelarmente seis meses porque en ese tiempo se tenía que celebrar el juicio y, en caso de que no se hiciera así, pasado ese tiempo quedaría libre hasta que se lograra celebrar. Él tenía 17 años cuando hizo aquello, y ya tiene los 18; va a estar en un centro de internamiento cerrado hasta que cumpla los 23 años. Ese mismo día se le llevará al juzgado y se le hará otra vista y el juez decidirá si se le deja en libertad vigilada o se le manda a cumplir los cinco años que le faltan a la prisión. Suponiendo que vaya a la prisión, saldrá de ella cuando cumpla los 28 años (le faltaban cinco por cumplir) y aún le quedan otros cinco más de libertad vigilada. Luego no es verdad que a un menor no le ocurra nada si comete un delito grave.

Si el menor es condenado por dos delitos de asesinato puede recibir una condena de hasta 16 años, porque son de 8 a 10 años por cada uno de ellos. Si se le juzgan de tres delitos podrían sentenciarle, por ejemplo, a 8 años por un asesinato, 4 por un homicidio en grado de tentativa, un año por tenencia ilícita de armas, otro por robo con violencia e intimidación... y si tiene 12 años cumplirá hasta los 23 en centro de internamiento, pudiendo pasar hasta los 31 en prisión.

Una balanza delicada

Un pasito adelante

La verdadera revolución de esta Ley de Responsablidad Penal del Menor se encuentra en las "medidas de medio abierto". La filosofía de esta Ley (que a lo mejor hay que replantearse) es la siguiente: es una Ley penal con todas las garantías de un procedimiento penal, es decir, nadie puede ser condenado sin ser oído, con un juez imparcial, con un juicio justo, con una acusación, con una presunción de inocencia..., o sea, con todas las garantías constitucionales. Pero tiene una finalidad que es sancionadora y a la par educativa; no castigamos al menor para ponerle una pena y que pague lo que ha hecho. Condenamos al menor para que pague lo que ha hecho, pero con el propósito de que también le sirva de tratamiento educativo. O dicho de otro modo, se trata de conseguir para el menor la archiconocida «reinserción». Sin embargo, llegados a este punto, la cuestión es: ¿cómo vamos a reinsertar a alguien que nunca ha estado insertado? ¿Cómo vamos a reeducar a un chaval que no ha recibido educación alguna? A lo mejor ocurre que, en lugar de intentar reeducar y reinsertar al menor, tendríamos que aunar esfuerzos para educar e insertar a los chavales, antes y después de cometer el delito. O sea, que de alguna manera no podemos perder de vista nuestro propósito de sancionar con finalidad educativa. Si en este sentido nos desorientamos, volveríamos a la justicia penal de adultos, que, en esencia, se puede definir con "el que la hace, la paga", bien con multa o bien con privación de libertad.

Todos en el mismo equipo

Se establecen con esta Ley del menor una serie de medidas que, obviamente, atañen a la sociedad. En efecto, el chaval comete un delito y no sólo con la víctima, sino también contra la sociedad, y, por tanto, tendrá que pagar a la sociedad el daño que ha cometido. ¿Cómo? Pues de forma que el mismo pago sea util para él y para la sociedad a la par. O sea, que la sentencia en cuestión tendrá que servirle al chaval como incentivo para salir de la vida delictiva y, a la vez, la sociedad obtendrá alguna compensación por el daño causado. Para poder cumplir con esta premisa, el juzgado de menores dispone de un instrumento fundamental que no tiene la justicia de adultos: el equipo técnico del juzgado. Psicólogos, educadores y asistentes sociales se ocupan de manera inmediata de todo chaval que es denunciado o detenido por la policía y llega a la fiscalía de menores. El «equipo técnico del juzgado» examina sus circunstancias personales, familiares, sociales, culturales, económicas..., y, aportan una información transcendental para el juicio. Luego, el juez y el fiscal tendrán que valorar el delito observado desde el prisma de las circunstancias personales de ese menor, con el propósito de encontrarle una medida adecuada a sus circunstancias.

De puertas a fuera

¿Cuáles son las medidas que contempla la Ley de Responsablidad Penal del Menor de «medio abierto»? En primer lugar tratamiento ambulatorio. Junto a la medida de internamiento terapéutico con la que privábamos de libertad al chaval por su problema de drogas, alcohol, o lo que sea, existe otra medida que posibilita que el menor esté en su ambiente familiar, pero condenado a acudir a las unidades de tratamiento ambulatorio; unidades de salud mental, etc. Claro, esto significa que ya no se trata únicamente de preparar los recursos materiales y humanos requeridos para el funcionamiento de esos centros de tratamiento ambulatorio, sino que también es necesario contar con un colectivo social que ayude en el control del chaval para que asista a las sesiones, por ejemplo. Por eso, es indispensable trabajar de forma simultánea con los niños y con los padres o familiares muy allegados. En alguna que otra ocasión se ha descubierto que, precisamente, es en las personas próximas al menor donde estaba el verdadero problema.

Otra medida aplicable en el marco del «medio abierto» es la asistencia a un centro de día. El sistema escolar ha fallado, y tenemos muchos problemas con chavales de catorce a quince años que no tienen ni la mínima formación profesional ni tampoco la titulación básica del Graduado Escolar. Por eso se crearon estos centros, pues responden al propósito de intentar completar, dentro de lo posible, esas lagunas de formación. En estos centros, por ejemplo, se ha detectado un problema importante: el menor no sabe divertirse. El menor no sabe disponer de sus horas de ocio de manera adecuada y nos encontramos con que muchos de los delitos cometidos se producen, en concreto, durante los fines de semana o periodos vacacionales. Por ello, entre las ocupaciones de estos centros de día también está la de facilitar la formación y ocupación en tiempo libre o de ocio. Para todo esto, es imprescindible considerar siempre el gran número de profesionales que requiere este tipo de centros.

La medida de permanencia de fin de semana es un arresto de fin de semana, bien en un centro o bien en su casa. Según los casos, al menor se le prohíbe salir durante un fin de semana, o dos, o tres... A veces basta con romper la dinámica de ocio para reajustar la conducta.

Un arresto de fin de semana

Tarjeta amarilla, tarjeta roja

En el caso de la medida de internamiento, si no se ha celebrado el juicio en seis meses, el chaval debe ser puesto en libertad. Desde mi punto de vista, esto es en cualquier caso una garantía y no un problema de la Ley, para evitar precisamente que ocurra en la justicia de menores lo que pasa en la de adultos, que hay muchísima gente en prisión pendiente de juicio. Pienso que no es lógico que una persona, salvo casos muy excepcionales, esté privada de un derecho fundamental como es el de la libertad si no ha sido declarado culpable. O dicho de otro modo, si disponemos de la presunción de inocencia es para aplicarla. Por ello, la solución más equilibrada sería la de aumentar el número de jueces y modificar las leyes para que sea más rápida la Justicia.

Otra medida fundamental es la libertad vigilada, que no es, de hecho, la de poner dos policías a todo el que salga bajo este régimen. La libertad vigilada de un menor está controlada por equipos especializados en la materia (psicólogos, pedagogos, educadores...) y su función es la de controlar toda la actividad del menor: la asistencia al colegio, salidas con las amistades, comportamiento en casa, relaciones con la familia, horarios, que no acuda a determinados sitios prohibidos para él, etc. Lo que realmente es importante aquí es la idea del medio plazo en los objetivos, pues no podemos pretender que un chaval que está acostumbrado a robar diez motos en un mes, por el mero hecho de ponerlo en libertad vigilada va a convertirse en un santo.

Hay que tener paciencia porque el chaval, precisamente por su condición de chaval, es vulnerable para lo bueno y para lo malo. El menor, en muchas ocasiones, se ha visto arrastrado hacia la delincuencia porque ha tenido la desgracia de nacer en una situación complicadísima cuya única salida era la de «ser el más 'chorizo'».

Con esta medida de la libertad vigilada se intenta, sobre todo, cambiar hábitos. Por ejemplo, el cepillado de los dientes, el acostarse y levantarse a una hora prudente, la limitación de horas frente al televisor, son detalles indicativos del progreso del menor. En este sentido, muy interesante es la convivencia del chaval en un ambiente familiar distinto al suyo (con alguien de su familia que quiera hacerse cargo un tiempo). Aunque es una medida complicada, que se plantea pocas veces, no debe olvidarse.

Tarjeta amarilla, tarjeta roja.

Uno para todos, todos para uno

El servicio en beneficio de la comunidad usado como sentencia es, desde mi punto de vista, uno de los aspectos fundamentales a la hora de las resoluciones finales. Es obvio que el chaval que comete un delito no lo hace sólo contra la víctima, sino contra la sociedad en general; por eso debe reparar el daño cometido con su trabajo. Para ello, tendremos que considerar siempre el delito cometido y las circunstancias personales de ese menor, basándonos en la detallada información que el equipo nos facilita en todo momento. Con esto, estaremos en condiciones de saber si es adecuado o no imponerle a ese menor un trabajo en beneficio de la comunidad y, en su caso, qué trabajo específico. Es evidente que habrá que buscar una relación de equilibrio entre el delito cometido y la respuesta que tiene que dar ante la sociedad, sin perder el horizonte del tratamiento educativo ni eludir sus connotaciones necesarias de castigo.

Ante esto encontramos dos posibles situaciones: quien debe proporcionar los medios para que el juez ejecute las medidas es la Comunidad Autónoma; entonces, si ella no proporciona dichos medios, el juez no puede imponer una sentencia imposible de ejecutar. Ahora bien, el juez también puede intentar conseguir esos medios por otras vías para que, a su vez, sean integradas en la Comunidad Autónoma. En este sentido he de decir que yo tengo la suerte de llevar trabajando con el mismo equipo y en la misma línea desde 1.990; gracias a eso ahora disponemos de un gran abanico de recursos, tal y como se desprende de las medidas aplicadas.

Por ejemplo, un ejemplo

Detallo a continuación algunas de esas medidas adoptadas en beneficio de la comunidad y llevadas a cabo, precisamente, gracias a la red de servicios que disponemos en Granada como consecuencia de la colaboración institucional.

Unos chavales delinquieron dañando la red ferroviaria; en la sentencia se le condena a trabajar en la estación pintando vagones. La limpieza de jardines, de paredes, de la ciudad en general suele ser también un recurso muy aplicable. Encontramos un menor que va conduciendo bajo la influencia de bebidas alcohólicas; es sentenciado a estar de 20 a 40 horas en el hospital de traumatología, conviviendo con las dificultades a las que tienen que enfrentarse los tetrapléjicos o presenciando una intervención quirúrgica de urgencia de un accidente de tráfico. Se detiene a un menor que trafica y consume drogas en pequeñas dosis durante un botellón, se le condena a limpiar la basura generada por dicho botellón todos los sábados y domingos de siete menos cuarto de la mañana a diez, con la brigada de limpieza. Recuerdo que un menor le pegó una paliza a otro porque, según él, «le miraba mal»; se le condenó a limpiar un espejo durante doce horas, para que le reflejase su propia mirada. Un menor, este de clase acomodada, al que el padre castigó por cuestión de estudios a no utilizar el ordenador, forzó una tienda de ordenadores con ayuda de unos amigos y se llevaron seis; se le condenó a participar en la mudanza de todos los ordenadores del juzgado y de fiscalía cuando hubo un traslado de sede.

He de decir, además, que buscar siempre una relación con el delito cometido, teniendo en cuenta las circunstancias personales del menor y que sirva para que pague el daño que ha cometido a la sociedad, es algo muy costoso. Por ejemplo, la medida de acompañar a personas tetrapléjicas supone el ir a hablar con el jefe de traumatología, a su vez hablar con el jefe de urgencias, con el jefe de rehabilitación, con el psicólogo de rehabilitación para que junto con el psicólogo del equipo del juzgado seleccione a un enfermo tetrapléjico y a

Condenado a aprender a leer y escribir

un familiar o familiares del enfermo con capacidad y voluntad de infundir al menor la visión adecuada que nosotros pretendemos, etc. Como es lógico, después de este trabajo para la puesta a punto, estamos en condiciones de, como mínimo, exigirle al menor, por escrito y de su puño y letra, una reflexión sobre la ejecución de la medida de 25 a 50 folios.

Más ejemplos en este último sentido. La medida de limpiar el botellón significa contactar primero con el alcalde, después con el concejal de medio ambiente, después con la empresa que tiene contrato con el ayuntamiento para el servicio de limpieza, después seleccionar entre todos al jefe de la brigada que a su vez quiera hacerse cargo del control del chaval y que le exija el cumplimiento del trabajo.

Y más. La medida de limpiar el espejo significa seleccionar espejos con cobertura de seguro (por si hay accidente), que esté a una altura adecuada que no cause problemas, porque aunque normalmente contamos con el consentimiento de los chavales, éste se consigue normalmente gracias a una figura que existe y que no contempla la ley: el "chantaje judicial".

Y más. Sobre la base de los informes del equipo técnico, se deduce que un menor es inculto, pero no incapacitado para aprender. Por eso se le va a sentenciar a aprender a leer y escribir, lo cual nos obliga a buscar un maestro que vaya a su pueblo, luego a conseguir el profesor de apoyo y a hacerle un seguimiento continuo; todo con la intención de que al menor se le abran otras posibilidades, que luego aprovechará o no.

Y más. Un menor robó el bolso a una mujer extranjera, con el añadido de que llevaba en él más de trescientos mil euros en joyas. Después de muchas investigaciones, se consigue detener al chaval y se descubre que habían vendido todas las joyas por 240 euros. Se prosigue la investigación y se detiene al padre, al hijo y al comprador del botín. Pues bien, lo importante aquí del asunto no es la cuestión económica, puesto que la persona que lleva esa fortuna en un bolso la tiene más que asegurada. La cuestión es que la señora se empeña en que el chaval abandone el mundo del delito, ofreciéndose a pagarle toda la formación necesaria. Incluso estando aún pendientes de juicio y en proceso de investigación, se procedió a dictar una sentencia socio-educativa: aprovechando que el padre estaba en prisión, se le condena al menor a sacarse el graduado escolar en tres años, a aprobar el carné de conducir, a ingresar en Formación Profesional y conseguir un título de especialista en mecánica. Si él va cumpliendo con todos los requisitos, irá cumpliendo por tanto su sentencia. Evidentemente él no percibe dinero, pero los gastos que ocasiona los financia la señora que fue víctima de su robo. Actualmente, el chaval trabaja ocho horas diarias como repartidor en una empresa y estudia dos; si sigue esa evolución se sacará el graduado escolar. Después ya dependerá de él el aprovechar o no la oportunidad que se le brinda. He de decir también que, para esto, cuenta con el apoyo de la madre y la novia, quienes incluso han comenzando a estudiar para obtener el graduado.

Y más. Traté el casó de tres menores que, dejándose llevar por uno de ellos que actuaba de "cabecilla", sin ser delincuentes, empiezan a intentar robar el reloj a los niños menores que ellos. Eso, jurídicamente, si sacan una navaja es un robo con intimidación, y crean un sentimiento de miedo a la víctima, al niño al que le quitan el reloj. Ya que habían demostrado que se aprovechaban de la situación de miedo que creaban en los demás, se creyó conveniente entre el equipo de psicólogos, los fiscales, etc. que trabajaran para los niños pobres participando cincuenta horas en la campaña del juguete que organizaban los almacenes con Cruz Roja. Así podían ver que hay niños pobres que tienen también derecho a jugar libremente y no por ello se dedican a robar.

Y más. Una de las últimas sentencias ha sido condenar a un pirata informático que había hecho un desfalco de X euros a que aplique sus conocimientos durante doscientas horas a jóvenes que están en centros. Esto lo hizo el chaval hace seis años, cuando tenía 17, lo que ocurre es que estos delitos son muy complicados de investigar y se hace muy largo temporalmente. A lo largo de toda esa investigación entró en vigor la Ley de menores y este caso pasó de ser un delito cometido por un mayor a ser un delito cometido por un menor, con lo cual, toda la investigación que se había llevado a cabo en los juzgados de instrucción correspondientes que después habían pasado a lo penal posteriormente pasan a la fiscalía de menores y de ahí al juzgado de menores. Voy a juzgar a un chaval que había cometido un delito al cabo de los cinco o seis años del mismo; un chaval que está estudiando, que no hacía falta reinsertarlo en la sociedad porque realmente nunca había estado fuera de ella, que hizo aquello por un prurito personal... ¿qué se le puede pedir al cabo de los seis años? Se pensó y se estudió por parte de los profesionales y se llegó a la conclusión de que un buen trabajo en beneficio de la comunidad era que transmitiera sus conocimientos y que recapacitara sobre lo que había hecho. Pero no vas a encerrar seis meses en prisión a un hombre de 23 años por un delito que cometió cuando tenía 17.

La justicia va lenta, entre otras cosas porque es cara. Ahora ya se está informatizando y eso servirá de ayuda en ese sentido, pero yo prefiero y creo que es más importante la labor de buenos profesionales. También hay ahora lo que yo considero un problema, y es que se tiende a instalar macro-juzgados, macro-oficinas y yo soy partidario del mini-juzgado. A mí me gusta juzgar a personas, resolver problemas de personas no asuntos de papeles y ese es uno de los motivos por el que me metí en materia de menores; me gusta el contacto directo con las personas.

Desde luego la justicia debiera ser rápida, pero tampoco de forma excesiva porque hay que madurar las respuestas que damos.

Otra de las últimas sentencias ha sido dictaminar que diez chavales hagan el camino de Santiago. Son menores que tienen distintas medidas; unos de trabajo en beneficio de la comunidad, otros de libertad vigilada, otros de tarea socio-educativa... y su evolución va siendo favorable. Incluso hay una chica que tiene pendiente la medida de internamiento pero que ha tenido una evolución favorable en la libertad vigilada. Dentro del programa, el equipo de medio abierto consideró que un refuerzo podía ser hacer el camino y se les ha dado esa posibilidad, pero nadie va obligado. Lógicamente, los que se han prestado voluntarios y lo hagan correctamente a lo mejor salen favorecidos. Pero no es un castigo y tampoco un premio; es lo que dirían los psicólogos un "reforzamiento positivo" y yo creo que es una medida que permite conocer a otra gente, tener otra experiencia de compañerismo y de sacrificio...

La primera reacción de los menores a los que impongo este tipo de resoluciones, y también de sus familiares, es siempre de sorpresa porque esperan algo más, un castigo mucho mayor o una privación de libertad. Se ven gratamente sorprendidos y esa sorpresa al mismo tiempo sirve para conseguir su colaboración, porque todas estas medidas tienen que ser pactadas con ellos ("pactadas" entre comillas). Lo bueno es que la familia se vuelque con las medidas, colaboración que es fundamental.

Un debate diario

Este tipo de medidas lleva consigo un compromiso social que se traduce en la necesidad de numerosos recursos; por eso, creo que es el momento de plantearse un debate que de alguna manera clarifique qué es lo que quiere realmente la sociedad que se haga con estos menores. ¿En verdad quiere acogerlos, reinsertarlos en ella misma o, por contra, prefiere encerrarlos imponiendo la idea de castigo o venganza sobre la educativa? Con sinceridad, pienso que si esto último es el deseo de la sociedad, he de admitir que la Ley del menor elaborada va por otro camino y que, por tanto, no estamos en consonancia. Ahora bien, ¿cómo se puede saber si la sociedad quiere una u otra cosa? Por lo pronto, debemos concedernos el beneficio de la duda, o, lo que es lo mismo, el tiempo necesario para comprobar si la Ley del menor da los frutos pretendidos.

A lo mejor estoy hablando de una utopía, pero si llegamos a un fuerte compromiso social, a una mayor colaboración entre todas las instituciones (escuela, familia, justicia...), estoy convencido de que el futuro deseado estará más cerca. Desde luego, el que no hace nada, en nada se equivoca; en mi caso, yo sí quiero «hacer» y rectificar si es necesario.

Por lo pronto, hay que reconocer que la Ley del Menor requiere mucho coste económico, que ha necesitado mucho tiempo de preparación y un año entero de «vacacio legis», es decir, de tiempo desde la publicación a su entrada en vigor; además, tras un tiempo considerable de aplicación, ni el propio Ministerio de Justicia ha facilitado la dotación de los mínimos medios para su aplicación. Por ejemplo, no hay ninguna comandancia de la Guardia Civil, ni ninguna comisaría de la policía nacional que reúna una dependencia de detención como establece la Ley Penal del Menor para que el chaval pueda estar cinco días detenido en las condiciones que establece la Ley.

No sé exactamente a qué puede deberse, pero todas las fiscalías y juzgados del territorio no transferido se encuentran en peores condiciones de dotación de personal que los transferidos; por ejemplo, en Zaragoza o Palma de Mallorca cuentan, en cada juzgado, con un auxiliar, un oficial y un agente. Da la sensación de que el propio Ministerio creador de la Ley, dentro de su territorio de competencia, no cree lo sufiente en ella y ha dejado que fueran las Comunidades Autónomas las que tomaran cartas en el asunto para facilitar la agilización de la cuestión. El propio Consejo General del poder judicial no está ni creando ni permitiendo la especialización de jueces en materia de menores, luego tampoco facilita la puesta en práctica de la Ley. Y la cosa se complica aún más, pues desde el día trece de enero del 2003 entró en vigor como competencia de los jueces de menores la banda de edad de dieciocho a veintiún años en casos de delitos "menos graves", por ejemplo, robos de coches o radiocasetes. Si como sabemos, no han proporcionado los medios necesarios, si no somos capaces de cubrir las necesidades de los menores hasta los dieciocho años, ¿qué ocurrirá con la siguiente banda de edad?

En mi opinión, cuando realmente se crea en la reinserción del delincuente y se trabaje de manera coordinada en interés del menor, por encima de luchas políticas y partidistas, hasta el punto de que los resultados fueran exitosos, entonces se debería contemplar la posibilidad de ampliar esa Ley a los veintiún años.

En cualquier caso, nunca hay que olvidar que el derecho penal no nace para proteger a la víctima, sino para sancionar a la persona que viola el ordenamiento jurídico. Para dar satisfacción a la víctima está la vía civil, las responsabilidades civiles, etc. Esta Ley nace para velar por el interés del menor delincuente, no de la víctima, por lo tanto, si se introduce la acusación particular en el proceso de juzgarlo no va a buscar ese interés de ese menor; buscará la venganza institucional.

Las víctimas de delitos causados por menores sí son parte del proceso judicial, lo que no pueden pedir es la medida que se le imponga ni su duración.

No olvidemos que la familia del menor culpable también es la víctima en todo el proceso. Por ejemplo, en un caso que yo he llevado, el menor (y menor de edad) de varios hermanos fabulosos asesinó a una persona y fue condenado por homicidio. Los padres arruinaron su vida económicamente, perdieron el trabajo, se tuvieron que mudar de pueblo, se le embargaron las propiedades para indemnizar a las víctimas... ¿acaso ellos no son también víctimas? Y ¿qué hay que hacer con ese chaval; encerrarlo de por vida? Tampoco con eso se consideraría satisfecha la familia de la persona fallecida, pues lo único que realmente otorgaría dicha satisfacción sería devolverle con vida a su ser querido, lo que es imposible.

De lo que no se habla.

Todo tiene un precio

Nunca está de más recordar que un individuo está insertado en la sociedad cuando (y esto no es una perogrullada) vive en sociedad y, además, no altera la paz social; o sea, que no viola las normas de convivencia y, por añadidura, no comete delitos. Insisto en la necesidad de tener meridianamente claro que, para reinsertar a un individuo, lo primero que hay que hacer es insertarlo. Del mismo modo, para comprobar si el individuo en cuestión está reinsertado no queda más remedio que dejarlo vivir en sociedad. Sólo así sabremos si el individuo altera o no la mencionada paz social. Se trata, por tanto, de la necesidad de correr riesgos por parte de la sociedad para que el chaval tenga la oportunidad de reinserción que se merece.

De lo que no se habla

¿Saben ustedes de qué es de lo que casi nunca se habla cuando se establecen debates, o tertulias, o incluso cuando se toman decisiones en el marco de profesionales próximos al entorno del menor? Precisamente de los deberes del menor.

El artículo 154 del Código Civil habla de las facultades de los padres, de la patria potestad, del deber de corregir moderadamente a los hijos... Pero también existe el artículo 155, donde se nos dice que los hijos deben obedecer y respetar a sus padres siempre que permanezcan con ellos y contribuir equitativamente a las cargas familiares. Además, ocurre que los menores no sólo tienen esos deberes dentro del ámbito familiar, sino que éstos son extensivos al ámbito escolar y a la sociedad.

En mi opinión, trabajar en interés del menor es darle garantía y satisfacción de sus derechos exigiéndole sus obligaciones. Por eso, dentro del ámbito familiar, es muy importante no perder de vista los peligros de las nuevas relaciones "amistosas" entre padres e hijos, pues en ellas puede debilitarse el concepto de autoridad y perder peso específico en el menor la voluntad de cumplimiento de sus deberes.

Juez y parte

En mi experiencia como juez de menores he aprendido sobre todo dos ideas fundamentales. La primera: que un menor, y cualquier persona que cometa un delito, no es necesariamente un delincuente. Y la segunda: un menor que sí responde al perfil de delincuente siempre tiene detrás una historia personal que hay que averiguar.

Desde estas dos ideas fundamentales yo quiero entender la filosofía de esta Ley del menor, es decir, estamos ante una ley sancionadora-educativa cuya finalidad es la reinserción y la reeducación del individuo, velando por su interés.

Sin embargo, la realidad nos dice que para hacer cumplir la ley, en lo que a nosotros atañe, hacen falta unos medios que en la actualidad no se han proporcionado con suficiencia, ya que, por ejemplo, después de los años que llevamos desde la entrada en vigor de dicha ley, todavía no existen equipos completos en todos los juzgados de menores.

Se ha publicado, además, un reglamento de medidas que, a mi entender, se ha usado para agravar la aplicación de las medidas que contempla la Ley. El mayor desarrollo del reglamento es la facultad sancionadora de las medidas privativas de libertad, mientras que las medidas alternativas (las que no suponen la privacidad de libertad del menor) son las que menos desarrollo experimentan, cuando justamente debería ser a la inversa.

En efecto, con el reglamento se endurecen las medidas de internamiento, ya que el menor no va a poder salir del centro ni para trabajar, ni de permiso de fin de semana, ni en ningún otro caso hasta que no lleve cumplida un tercio de la condena. A partir de ese momento, las salidas ya sí son susceptibles de negociación. Del mismo modo, la medida no podrá ser revisada hasta que no haya cumplido la mitad de la condena.

Por otro lado, el reglamento sí suaviza la vida diaria en un internamiento semiabierto, aunque las medidas de seguridad son prácticamente las mismas. El menor podrá realizar actividades fuera del centro, tendrá más permisos, etc. El internamiento abierto se utiliza muy poco y se suele combinar con la convivencia familiar.

No es lógico pensar que más justicia es equivalente a más tiempo y dureza de internamiento. Esto, desde mi punto de vista, es un gran error y, afortunadamente, la ley contempla la posibilidad de modificación del castigo a mitad de condena. Esa determinación deberán tomarla psicólogos, sociólogos, médicos, etc., pues son ellos los que deben decidir en qué momento de la condena el chaval es recuperable para la sociedad. Yo, como juez de vigilancia penitenciaria, conozco a muchos presos que llevan dieciséis, veinte años en prisión y ya son irrecuperables para la convivencia diaria.

No hay que olvidar, por ejemplo, que la incultura y la injusticia social son las mayores fuentes delictivas. Cuando llega la época de Navidad, un chaval que vive en una zona marginal y va andando por la calle o ve en la televisión esas mamás estupendas con esos cochazos impresionantes, esas bicicletas... lo menos que puede pretender ese chaval es tener lo mismo; y si no lo puede recibir lo tiene que intentar coger, sobretodo si ese es el ambiente en el que se ha criado. En esta sociedad que hemos creado, el éxito de una persona es el económico.

Particularmente soy partidario de aplicar la ley a casos a partir de doce años, y no de catorce como se recoge ahora. Pienso que un menor de doce años ya puede tener cierta conciencia de lo que está bien y de lo que está mal. El sistema de prevención falla en muchos casos, y hay conductas en chavales de doce a catorce años que pueden ser muy graves. La fuerza que tiene el juzgado no la tiene la Administración, y hay determinados chavales que no estaría de más que fueran de la competencia del Juzgado de Menores. Otra cosa diferente es que se vaya a internar a esos chavales, pero hay medidas de medio abierto, de trabajo en beneficio de la comunidad, de libertad vigilada, etc., con un control judicial que con la nueva ley no son aplicables a menores de doce años, y hay delitos graves cometidos por menores de doce a catorce años. El delito más grave que yo he gestionado de agresión sexual lo cometieron dos chavales de trece años con uno de catorce, y creo que ahí ha fallado el sistema de protección y que no estaría de más un control judicial, pero sin privación de libertad.

Por otro lado, creo indispensable no olvidar nunca que los jueces nos limitamos a aplicar la ley que haya en vigor y que si esta es relativamente reciente, los resultados derivados de la misma no se verán hasta pasado un tiempo.

Los jueces no damos seguridad a los ciudadanos; habría que cuestionarse cuántos policías hay en las calles y qué mecanismos legales tenemos para que existan unas competencias tan determinadas que no pueda existir o que sea muy difícil la coordinación entre las distintas fuerzas. En Andalucía tenemos Policía Autonómica, Policía local, Guardia Civil y Policía Nacional, y sales a pasear por la calle por la noche y a lo mejor no hay policía, a pesar de tanta fuerza. Muchos delitos se cometen porque falta esa fuerza preventiva; no hay fuerzas de seguridad suficientes.

Sobre la falta de medios para, por ejemplo, garantizar la seguridad ciudadana, habría que realizar una llamada de atención a los políticos sobre ciertos aspectos. En España no hay demasiados policías y probablemente se justifica por la falta de dinero para sus nóminas, pero es que aquí un policía, con 55 años pasa a la reserva. Después de esa edad parece que en España un policía no puede desempeñar ninguna función, ni en comisarías, ni en archivos... que son también fundamentales, dejando para el trabajo de calle a los más jóvenes. A esa edad los ciudadanos le pagan la jubilación y no trabaja más; no creo que este país se pueda permitir ese lujo que se está permitiendo. Luego, paro colmo, se buscan los mecanismos para que a esos mismos jubilados se les contrate de vigilantes de puerta en los juzgados y con eso duplicamos sueldos. Puede que no falten policías sino que sobren personas jubiladas de 55 años.

A mí me preocupa mucho la cultura internista. Las sentencias que yo dicto causan mucho revuelo social, parece que se aplauden, y sin embargo se quiere venganza, se quiere encerrar al delincuente, y me preocupa mucho que la postura del gobierno (en este caso del PP) sea que la mayor seguridad pasa por encerrar al delincuente. Desde luego, habrá que encarcelar al que tenga que estar encarcelado, pero en este país hay muchos delitos que se cometen por personas que no son delincuentes y, a la par, hay muchos delincuentes que, por mucha cárcel que se le imponga, seguirán siéndolo como no se les dé un tratamiento adecuado a su situación. Un violador, aunque quede en libertad, si no recibe tratamiento específico seguirá cometiendo delitos.

En mi opinión, se está dando un paso atrás. El Código Penal de 1995 contempla alternativas a la prisión que no se han desarrollado y no se han experimentado. Tenemos muchos trabajos en beneficio de la Comunidad que están contemplados en el Código penal y que no se han aplicado y sí se están aplicando en menores. Y se habla de reinsertar, pues ¿qué es eso? ¿Cuándo se reinserta al individuo? ¿Cuándo ya lleva diez años en la cárcel? La reinserción es un mecanismo por el cual el individuo voluntariamente acepta integrarse de nuevo en la sociedad, y no por miedo.

Hay muchos delitos y personas que están en penitenciaría y que no deberían estarlo, pero que son el resultado de que no se hayan buscado los mecanismos (por parte del gobierno) en materia de alternativas a las penas privativas de libertad. ¿Por qué no se aplican las medidas de libertad vigilada, que tienen un fin sancionador y al mismo tiempo de prevención? La fiscalía general del Tribunal Superior de Justicia manifiesta que en Andalucía se ha incrementado la delincuencia, pero en Granada ha bajado un 8 por ciento, y eso es porque en menores (donde hay una banda importante) se está trabajando con libertades vigiladas. Mientras se controla a un chaval no está cometiendo hechos delictivos.

¿A quién hay que reinsertar realmente?, ¿a quien compra un CD pirata? Sinceramente, eso lo hemos hecho todos alguna vez. Lo que no es lógico es que a ese individuo le condenen a seis meses de prisión y al que maltrata a su mujer sólo a tres. Hay delitos que no necesitan reinserción, sino sanción; habrá que distinguir unos de otros, para unos delitos habrá que sancionar y para muchos delincuentes habrá que sancionar y reinsertar.

Hay que tener en cuenta además que podemos cometer el error de imponer la prisión provisional fijándonos solamente en la pena del delito, olvidando conceptos fundamentales como la alarma social. Cuando el juez acuerda la prisión provisional tiene que tener en cuenta distintos factores; que sea delito, que esté castigado con una pena determinada, que exista sustracción a la justicia y que exista alarma social. Y aquí entraríamos a valorar qué provoca actualmente la alarma social (no es lo mismo un asesinato que la conexión gratuita a una televisión de pago). No quiero decir que una vez acabado el procedimiento no se le sancione al culpable con la pena de prisión si así lo establece el Código Penal, pero no se puede tener a un individuo pendiente de juicio en base a unos delitos que no generan alarma social, porque no olvidemos que toda persona tiene que estar en prisión cuando sea sentenciado.

Porque el corazón manda

Presten atención a esto que les voy a contar: una de las experiencias más impactantes que hay, no ya en la Justicia, sino en la vida misma, es la de ir a un centro de internamiento de menores y observar cómo, cuando se cierran las puertas de las celdas a eso de las diez o las once de la noche y se apagan las luces, lo que se oye no son voces de asesinos, sino llantos de niños.

Por tanto, tengamos presente siempre la máxima prudencia y concedamos importancia capital a la paciencia como norma. Un chaval que en un mes robaba nueve motos y fue condenado por ello, si una vez en la calle vuelve a robar cuatro motos por mes, pueden realizarse dos lecturas distintas sobre esto: una, la Justicia ha sido un fracaso, porque el menor ha vuelto a delinquir; o bien, dos, puede pensarse que la Justicia están obteniendo sus frutos, pues ahora sólo ha robado cuatro motos, y a lo mejor el mes que viene roba tres y puede que al siguiente sólo robe una o ninguna. Debemos también pensar mucho sobre esto y debemos posicionarnos, sobre todo porque, desde mi punto de vista, la sociedad de hoy día allana el camino para que el menor cometa delito, porque lo tiene todo a la mano (por ejemplo, la facilidad con la que se consiguen cierto tipo de drogas, como el alcohol). Por eso la sociedad debe facilitar también el camino para poder reparar este daño, cuya raíz está en ella misma. Mis sentencias van en esa línea. Además, y conectando aquí con la idea de la paciencia a la que aludía más atrás, he de decir que siempre procuro que los menores ejecuten las sentencias que podría definir como «educativas» en un periodo de tiempo lo más largo posible, porque durante el tiempo que éstas duran al chaval se le van dando distintos mensajes y se le van consiguiendo las actitudes que nosotros creemos necesarias. Por ejemplo, al menor que atraca a otros menores se le puede sentenciar a que pase ochenta horas con los niños enfermos de cáncer, pero repartiéndolas en fines de semana, de forma que esté implicado en esta tarea durante más de un año.

Siempre, por desgracia, hay campos que plantar, enfermos que cuidar, ancianos a los que apoyar..., elementos que aquí se pueden usar como medios y como argumento para la implicación de la sociedad. En este sentido, no viene mal recordar que la primera sentencia, que costó muchísimo conseguir, fue la de la asistencia a los tetrapléjicos. Eso fue en el año 90 ó 91. Para llevarla a cabo fue necesaria una experiencia piloto y mucho trabajo, hasta lograr el convenio necesario por el tema de responsabilidades civiles. Ahora, quince años después, les aseguro a ustedes que aquél esfuerzo mereció la pena. Por ejemplo, actualmente tengo a setenta menores privados de libertad y a unos seiscientos ochenta en medidas de medio abierto; pues bien, está comprobado que los chavales, mientras cumplen las medidas de medio abierto, no reinciden en el delito en el 82 % de los casos, gracias, entre otras cosas, al trabajo de los educadores. Esa, y no otra, es la causa por la que se dictan medidas muy largas, precisamente para otorgarle a los educadores el tiempo que necesitan para trabajar con el chaval.

Hoy día estamos evitando que un 70 % de los menores vayan en un futuro a prisión, y eso es un gran logro.

Entre las chicas delinquen un 10 %, pero la que es realmente delincuente comete actos muy graves y es mucho más difícil trabajar con ellas. Están aumentando las lesiones, entre chicos y entre chicas. En los centros escolares hay muchos casos de violencia pero a los juzgados el año pasado sólo llegaron diez y es porque la mayoría de estas situaciones se tapan.

Los niños que crecen en zonas marginales tienen muchas más posibilidades de cometer delitos, pero hay otros que son típicos de niños "bien". Por ejemplo, el niño maltratador es el típico hijo de médico, de abogado, de profesor... que lo tiene todo pero que se ha convertido en "sherif" de la casa; o se hace lo que él dice o le amarga la vida a toda la familia. Los padres se están empezando a cansar y ya están denunciando a sus propios hijos en estos casos. Está tipificado como violencia doméstica; el mismo caso que para un adulto maltratador. Hay niños que son auténticos maltratadores físicos y psíquicos de su padre, madre y hermanos, de hecho y de derecho, en el presente y en el futuro. En estos casos se está haciendo una intervención mucho más adecuada que la que se puede hacer en la justicia de adultos, porque aquí normalmente el problema va unido a otro de casa, al inicio en el consumo de algún tipo de sustancias, a algún trastorno mental...

Pero ya se han equiparado las clases sociales y nadie se libra de la posibilidad de que un día lo llamen porque su hijo está en comisaría. Todos los padres con hijos menores de 18 años estamos en situación de riesgo; unos más, otros menos pero se libran pocos.

En materia de menores nos tenemos que convencer de que educación, servicios sociales, sanidad y justicia de menores tenemos que ir todos a una. Los centros escolares tendrán que resolver los temas que son competencia de los mismos y tendrán que poner en conocimiento de la justicia los asuntos que son efectivamente judiciales. Pequeños robos, amenazas... pueden ser cosas de niños o podemos estar ante verdaderos problemas. Además, creo que la medida reina del centro escolar no debería ser la expulsión del mismo; habría que crear equipos de mediación formados por profesionales adecuados que resolvieran dentro del centro los conflictos que se crean en él.

De estas tierras, otros lodos

Con todo lo expuesto hasta el momento, he de decir que el reglamento es para mí garantía, pero creo que ha perdido la ocasión de abordar de forma definitiva y decidida ciertos problemas, como el tratamiento en internamiento en medio cerrado o las posibilidades de inserción laboral (sobre todo en centro cerrado).

Realmente ahora es cuando acontecerá la prueba de fuego de la Ley del Menor. En los próximos años se empezarán a resolver las posibles modificaciones de medidas que se planteen para chavales condenados que cumplen los 23 años de edad y que llevan la mitad de la condena. Habrá que empezar a decidir, escuchando a los centros de internamiento, al menor, a los equipos técnicos, etc., si el menor en cuestión puede considerarse reinsertado o no, porque, tal y como se observa en el artículo 15, de no reconocérsele la reinserción, ése menor podría pasar a prisión. Será entonces un momento delicado, pues en ese punto concreto es donde nos vamos a encontrar con el informe en contra de la reinserción proveniente desde la acusación particular. También es en ese instante en el que el abogado tendrá que demostrar si prima el derecho de acusación o el interés del menor.

Como suele ocurrir (y es lógico, por otra parte), las víctimas del delito, sobre todo en las que hay daño físico o incluso asesinato, nunca van a considerar reinsertado a ese menor. Por eso, los centros de internamiento y los equipos técnicos de asesoramiento al juez y fiscal tendrán que trabajar muy duro para contrarrestar o, al menos equilibrar en favor del menor (siempre si procede, evidentemente) los informes de la acusación particular. El juez y el fiscal, en lo que toca a cada uno, se verán inmersos también en la difícil tarea que supone el dilucidar qué es lo que realmente se persigue, si el interés del menor, la opinión pública (desinformada en numerosas ocasiones) o el afán vengativo.

Dicho esto, he de admitir que, al menos hasta el momento, es fácilmente perceptible en los abogados ese espíritu conciliador entendido como recurso para fomentar el acuerdo entre letrados y víctimas.

Para concluir este punto, me van a permitir que cite unos versos de Bertold Brecht que, de algún modo, ilustran mi idea de la justicia de menores, en la que el compromiso social es competencia de todos porque todos, tarde o temprano, nos veremos involucrados en él:

«Primero se llevaron a los negros,
pero a mí no me importó porque yo no lo era.
Enseguida se llevaron a los judíos,
pero a mí no me importó porque yo tampoco lo era.
Después detuvieron a los curas,
pero como yo no soy religioso tampoco me importó.
Luego apresaron a unos comunistas,
pero como yo no soy comunista tampoco me importó.
Ahora me llevan a mí,
pero ya es tarde».

Preguntas con respuesta

-Pregunta: *Si un menor emancipado ha cometido un delito en el que existe una responsabilidad civil, los padres, a pesar de no tener la patria potestad del mismo, ¿tienen obligación de responsabilizarse de la sentencia?, ¿se les puede obligar a ello?*

-Respuesta: Esa responsabilidad civil se puede moderar perfectamente hasta donde llega la justicia de la Ley de Menores. Es decir, el padre del menor sí debe responder, pero no en el caso del mayor si es insolvente. Puede haber casos en los que a los propios padres les interese la emancipación de sus hijos. Por ejemplo, yo tengo a un chaval condenado por doce violaciones y su madre está limpiando escaleras para poder hacerse cargo de las indemnizaciones a las perjudicadas. Sin embargo, somos conscientes de que en muchos casos las emancipaciones de los menores (¿cuántos niños con dieciséis años están emancipados?) son en realidad un enmascaramiento legal, un fraude de Ley para evitar responsabilidades de la patria potestad. Se hace imprescindible en cada caso estudiar a qué responde esa emancipación, con quién vive el menor, cómo vive, qué finalidad tiene...

-Muchas medidas que se imponen a los menores son como consecuencia de que, quizás, los servicios sociales no cumplieron bien su función en un momento concreto de la vida del menor. En la cadena de responsabilidades sucesivas, se pasa de los padres a los servicios sociales para que estos suplan la incapacidad educativa de los padres para lograr la adaptación de sus hijos. La pregunta es: ¿si los servicios sociales no intervienen y lo hace el juez de menores, tiene éste que suplir las deficiencias de aquéllos?

-Cuando un menor llega a la justicia, que somos el último recurso, evidentemente es porque ha fallado todo lo demás, por eso hablo de la importancia de conocer al individuo al que vas a imponer una medida. Yo, por ejemplo, a los llamados "niños de papá" los suelo sentenciar a trabajos en beneficio de la comunidad, mientras que a los niños con deficiencias económicas me interesa más darle una libertad vigilada. No obstante, quiero inisistir que no es aconsejable, en esa cadena de responsabilidades mencionada, dejar únicamente en manos de la justicia el inculcamiento de la idea de autoridad en el menor. La familia, incluso más que los servicios sociales, tiene mucha importancia en este punto.

Por ejemplo, el perfil de niño maltratador, al menos en la zona donde yo trabajo, se adecua al de un chaval de clase media, hijo de abogados, de médicos, de profesionales liberales de cierto éxito, por lo que no está asistido por los servicios sociales. Ocurre además que a esos padres (y también a quienes rodean al chaval) les cuesta muchísimo admitir el problema, mientras que cuando el delito es cometido por un menor de procedencia menos acomodada, el reconocimiento del problema por parte de sus progenitores es mucho menos costoso.

Detengámonos un momento en este punto: el niño maltratador, tal y como he dicho, es un niño de clase media, con buena formación cultural, pero que, a lo mejor, tiene un problema de exceso de autoestima o incluso de libertad, traducido éste en el incumplimiento de horarios o en los primeros conctactos con los alucinógenos o drogas de diseño. Cuando todo esto da como resultado la conducta inadecuada del chaval ante el grupo de iguales, es lógico admitir que antes han fallado la familia, la escuela y otros muchos recursos educativos, de modo que al final sólo queda la justicia como cortapisa ante sus actos delictivos.

Por si resulta ilustrativo, les diré que yo tengo setenta denuncias de niños maltratadores, número que últimamente se está incrementando con los niños de adopción y los chantajes psicológicos que hacen. Aprovechándose quizás de la posición de inseguridad de los padres adoptivos, los niños adoptados amenazan a estos continuamente con irse con sus padres biológicos, reprochándoles muy a menudo que ellos no sean sus auténticos padres.

Algo parecido ocurre con los menores maltratadores cuyos padres se han divorciado o separado; el niño acaba "jugando" y "manipulando" a sus padres a su antojo.

¿Y tú cómo me ves?

Soy consciente de que la figura de un juez causa entre los ciudadanos una fuerte impresión. Por eso creo que la Justicia debe esforzarse para acercarse a la ciudadanía. Tampoco podemos desembocar en la idea, equivocada, de que somos un servicio público. En efecto, la Justicia no es un servicio público, sino un poder; los jueces representamos uno de los tres poderes fundamentales del estado (ejecutivo, legislativo y judicial).

Un buen juez debe tener, lógicamente, una buena formación, pero sobre todo debe conocer el presente que estamos viviendo. La verdad es que mi profesión, en muchas ocasiones, es gratificante, pues desde ella se puede hacer mucho bien a la sociedad. Creo que sí merecen la pena nuestros esfuerzos profesionales. Con eso y con todo, el poder que respresentamos los jueces tiene unos límites marcados por la Ley, tal y como corresponde a un estado de derecho.

Yo comencé en la justicia de menores porque prácticamente se estaba gestando en los años iniciales de mi dedicación profesional. A mí me llamó la atención el hecho de participar en algo que no soportaba las virtudes y defectos de la tradición judicial, algo «nuevo» en muchos sentidos.

Por otra parte, también considero que en el ámbito de la justicia de adultos deberían modificarse ciertas cosas, pues no es aconsejable anquilosarse en las viejas ideas del derecho penal. Pienso que el juez de hoy día debe mostrarse mucho más abierto ante el mundo cambiante en el que nos desenvolvemos, también tiene que ser más inquieto y no sólo basarse en la letra de la Ley. De alguna manera, y me van a permitir la licencia, el juez debe librarse de la letra de la Ley para tocar su espíritu. En definitiva, se trata de otorgarle a la justicia un carácter más dinámico para poder solucionar problemas cada vez más complejos.

Yo no niego un hecho real: cada vez hay más delitos; pero tampoco puede ignorarse que cada vez hay más gente, más injusticias sociales, más desigualdad económica, más paro, y todo esto «condimentado» además con unos medios de comunicación (el verdadero cuarto poder) que reducen a anécdota la influencia de los padres o los profesores, por ejemplo. Por cierto, ninguno de nosotros hemos recibido una educación específica para ser padre o madre, algo sobre lo que se debería actuar: si para jugar al fútbol o al ajedrez o lo que ustedes quieran, se necesita conocer con antelación las reglas de juego, ¿por qué no se obliga a los padres a conocer las leyes que están obligados a cumplir durante el ejercicio de su patria potestad con los menores?

El juez ha de ser una persona equilibrada, y de vez en cuando debería revisar su labor, porque es una profesión que tiene poder, es peligrosa y responsable y para eso hay que tener cierta madurez. A veces, nosotros mismos no somos capaces de controlar el poder que tenemos. Igualmente, tampoco es bueno tanto reconocimiento social.

La profesión de juez es dura pero tampoco hay que sobrevalorarla. Lo importante es tener la conciencia tranquila, porque luego está la posibilidad del recurso. Sí, hay una responsabilidad social grande, pero no hay que exagerar, sólo hay que tratar de hacerlo lo mejor posible, igual que en cualquier trabajo.

Juzgar es muy difícil. Hay una serie de principios básicos que establece la Ley y a los que estamos sujetos; de legalidad, de igualdad, de presunción... Hay situaciones en las que no se prueba sino que se presumen las cosas, y en esos casos hay que absolver. Hay que buscar el equilibrio entre los principios y la justicia; fundamentalmente lo que hacemos es aplicar las leyes, no impartir justicia. También es verdad que los jueces españoles están dictando todos los días muchísimas sentencias y los medios de comunicación sólo hacen hincapié en esas equivocaciones que por supuesto cometemos, pero son muchos más los éxitos.

Por otro lado, respeto muchísimo la profesión de la abogacía, porque la he ejercido, porque soy hijo de abogado y porque creo que es mucho más difícil ser un buen abogado que un buen juez, pues el abogado tiene que buscar los mecanismos necesarios para convencer a aquél.

Lo único que puedo echarles en cara es que se están perdiendo las formas, en cuanto a la liturgia de la sala, al tratamiento de "señoría", al saludo inicial en la primera vez que se actúa ante un tribunal, al ofrecer tus servicios al compañero en esa primera vez... Esos pequeños detalles que se tenían y que se están perdiendo eran un lujo, una riqueza, es como la toga que pronto se perderá. Yo no soy de los más formalistas dentro de la profesión, pero hay ciertas cosas que considero buenas mantener. Ahora la gente piensa que los jueces usamos el mazo, y antiguamente había un lenguaje de la campanilla y en función de cómo se tocara el letrado sabía lo que se le estaba indicando. Es mucho más elegante que el "cállese letrado" de ahora, y no quita que a la hora de dictar sentencia condenemos a una persona a aprender a leer y escribir. Una cosa es el fondo y otra la forma.

Yo nunca pensé en ser juez, ni siquiera cuando estaba estudiando la carrera. Estuve trabajando en una empresa que tuve que dejar porque me mandaron a hacer las prácticas de la milicia, pero nunca pensé en ser juez. Prácticamente lo hice por decisión ajena, porque un compañero de carrera y de mili me animó a presentarnos a las oposiciones, y el último día de la convocatoria mi novia, porque yo estaba en la mili, me firmó la instancia.

No estoy en ninguna asociación de jueces, aunque las respeto. No soy ni progresista ni conservador, sólo inconformista.

Nací en Ciudad Real, el 22 de Diciembre de 1955. Soy el cuarto de siete hermanos, mi padre era abogado y a los seis años me mandó interno a un colegio francés, en Ciudad Real, donde estudié el bachillerato. En cuarto batí el récord de suspensos de mi colegio, aprobando sólo educación física porque en aquella época practicaba la natación, y por eso me mandó mi padre interno a Campillos. En quinto volví a suspender y mi padre me puso a trabajar en un taller de coches, lavándolos, cambiando aceites, descargando camiones... Y en sexto de bachiller parece ser que medité un poco y aprobé COU. De ahí fui a hacer el ICADE y ahí era un estudiante normal, con algún suspenso pero dentro de lo común.

De todo eso creo que aprendí. Yo era el cuarto y "cobraba" por ser el pequeño de los mayores y por ser el mayor de los pequeños, pero yo recuerdo una infancia muy buena y muy divertida. Pero era muy vago, para el trabajo y para los estudios, y eso lo tuvo que suplir mi padre con algún castigo que otro y con esos trabajos. Creo que todo eso me ayuda a comprender a los chavales con los que trato. Recuerdo que cuando tenía diez u once años entré en una casa, lo que ahora sería un robo con fuerza, y mi padre me condenó a limpiar la parcela en donde veraneábamos y a pedirle perdón al dueño de la casa que "asaltamos". Mi padre era una persona dura y rígida, pero no más que lo habitual en la época. Cuando salí de trabajar del taller me dio la opción de estudiar o trabajar, y decidí estudiar. Estoy seguro de que mi padre hubiera sido un buen juez de menores, y a él y a mi madre les debo lo que soy.

No sé decir qué es para mí la libertad, pero no quiero que me la quiten.

Decálogo para formar un delincuente

Decálogo para formar a un delincuente

1.-Comience desde la infancia dando a su hijo todo lo que pida. Así crecerá convencido de que el mundo entero le pertenece.

2.-No se preocupe por su educación ética o espiritual. Espere a que alcance la mayoría de edad para que pueda decidir libremente.

3.-Cuando diga palabrotas, ríaselas. Esto le animará a hacer más cosas graciosas.

4.-No le regañe nunca ni le diga que está mal algo de lo que hace. Podría crearle complejos de culpabilidad.

5.-Recoja todo lo que él deja tirado: libros, zapatos, ropa, juguetes... Así se acostumbrará a cargar la responsabilidad sobre los demás.

6.-Déjele leer todo lo que caiga en sus manos. Cuide de que sus platos, cubiertos y vasos estén esterilizados, pero no de que su mente se llene de basura.

7.-Riña a menudo con su cónyuge en presencia del niño, así a él no le dolerá demasiado el día en que la familia, quizás por su propia conducta, quede destrozada para siempre.

8.- Dele todo el dinero que quiera gastar, no vaya a sospechar que para disponer del mismo es necesario trabajar.

9.- Satisfaga todos sus deseos, apetitos, comodidades y placeres. El sacrificio y la austeridad podría producirle frustaciones.

10.-Póngase de su parte en cualquier conflicto que tenga con sus profesores, vecinos, etc. Piense que todos ellos tienen prejuicios contra su hijo y que de verdad quieren fastidiarle.

ÍNDICE

Este libro,
número 1 de la colección «Alminares», se
terminó de imprimir el 22 de enero de
2008 en los talleres gráficos de Legraf S.L.

Al cuidado de su edición estuvieron
Enrique Martín Pardo
y
José Rienda.

Lavs Amicitiæ